Coleção

Sabores do Mundo

SOBREMESAS

ÍNDICE

GIRASSOL

DELÍCIA DE MORANGOS

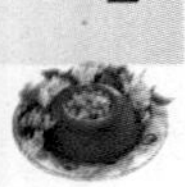

Coloque a gelatina de molho na primeira medida de água fria, depois dissolva na água fervente. Misture os morangos com a gelatina e a água. Leve à geladeira até começar a endurecer. Leve o açúcar ao fogo com a segunda medida de água, numa panela pequena de fundo grosso, até algumas gotas formarem uma bola mole na água fria. Retire do fogo e acrescente as claras aos poucos, sem parar de bater. Continue batendo delicadamente até esfriar. Misture as claras e o açúcar com a gelatina de morango e coloque numa fôrma de pudim de 1,5 litro. Leve à geladeira até endurecer. Para servir, desenforme num prato e decore com morangos frescos.

Porções: 8

Preparo: 15 min + 2 horas para gelar

Cozimento: 10 min

Nível de dificuldade: 2

- **2 colheres (sopa) de gelatina em pó sem sabor (ou 8 folhas de gelatina incolor)**
- **$^1/_3$ xícara (chá) de água fria**
- **$^1/_3$ xícara (chá) de água fervente**
- **2 xícaras (chá) de morangos amassados, ou 750 g de morangos congelados**
- **1 xícara (chá) de açúcar**
- **2 colheres (sopa) de água fria**
- **4 claras**

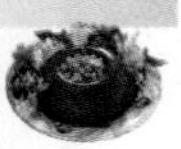

BAVAROISE DE BAUNILHA COM CALDA DE DAMASCOS

Coloque o creme de leite, 6 xícaras (chá) do leite e as raspas de limão numa panela grande de fundo grosso, em fogo médio. Deixe quase ferver, depois retire do fogo. Tampe e deixe descansar por cerca de 1 hora. Polvilhe a gelatina sobre o leite restante e reserve até dissolver. Leve a mistura de leite e creme de leite ao fogo novamente até quase ferver. Retire do fogo e acrescente a gelatina dissolvida, o açúcar e a baunilha. Bata até ficar homogêneo. Passe a mistura pela peneira e despeje em 12 tigelinhas ou forminhas. Leve à geladeira por 2 horas no mínimo. Prepare a calda: coloque os damascos e a água numa panela e deixe ferver. Abaixe o fogo e cozinhe por uns 30 minutos, ou até a água reduzir a um terço. Transfira para um processador e bata até ficar homogêneo. Acrescente o açúcar. Para desenformar, mergulhe rapidamente em água quente, depois vire sobre pratos individuais contendo 2 colheres (sopa) da calda de damasco espalhada. Decore cada prato com folhas de hortelã.

Porções: 6-12

Preparo: 15 min + 3 horas para descansar e gelar

Cozimento: 40 min

Nível de dificuldade: 2

PARA O CREME

- **500 ml de creme de leite fresco**
- **7 xícaras (chá) de leite**
- **raspas de 1 limão**
- **1 colher (sopa) de essência de baunilha**
- **4 colheres (sopa) de gelatina em pó sem sabor (ou 16 folhas de gelatina incolor)**
- **1 $^{1}/_{4}$ xícara (chá) de açúcar**
- **folhas de hortelã para decorar**

PARA A CALDA

- **200 g de damascos secos**
- **750 ml de água**
- **2 colheres (sopa) de açúcar de confeiteiro**

CRÈME COM CROCANTE DE AMÊNDOAS

Ferva o leite com a casca de limão em fogo médio. Coloque as gemas e o açúcar numa panela de fundo grosso e bata até ficar esbranquiçado. Acrescente o amido de milho e o leite quente, e cozinhe em fogo baixo até o creme começar a ferver. Cozinhe por mais 3 minutos, mexendo sem parar. Retire a panela do fogo e acrescente as amêndoas, reservando algumas para decorar. Sirva o creme em taças individuais decoradas com as amêndoas restantes.

Prepare o creme com antecedência e monte a sobremesa na hora de servir.

Porções: 4

Preparo: 20 min

Cozimento: 20 min

Nível de dificuldade: 1

- **casca de 1 limão num único pedaço**
- **$1\ ^{1}/_{4}$ xícara (chá) de leite**
- **4 gemas**
- **1 xícara (chá) de açúcar**
- **4 colheres (chá) de amido de milho**
- **130 g de amêndoas carameladas picadas**

Sugestão

Substitua as amêndoas carameladas pela mesma quantidade de biscoitos de amêndoas amassados e polvilhe a superfície com cacau em pó sem açúcar.

PUDIM DE CLARAS

Bata as claras em neve com o sal. ❧ Peneire o amido de milho sobre as claras e bata bem. ❧ Acrescente o açúcar aos poucos, batendo até as claras formarem picos firmes. ❧ Unte uma fôrma de 1 litro com manteiga e polvilhe com um pouco de açúcar. Despeje a mistura na fôrma. ❧ Coloque a fôrma numa assadeira com água até a metade e asse em forno preaquecido a 200°C por 5 minutos. Apague o forno e deixe a fôrma lá dentro por 15 minutos. ❧ Desenforme sobre um prato e deixe esfriar. ❧ Para a calda, ferva o arroz com a água numa panela por 30 minutos. Coe, reservando a água e desprezando o arroz. ❧ Cozinhe o açúcar com 1/2 xícara (chá) da água do arroz, em fogo médio, até obter um xarope fino. Retire do fogo. ❧ Misture o xarope às gemas, batendo, e retorne à panela. Cozinhe em fogo baixo, batendo sem parar, até engrossar. Deixe esfriar. ❧ Despeje sobre o pudim, polvilhe com as amêndoas e sirva.

Porções: 4-6
Preparo: 30 min
Cozimento: 35 min
Nível de dificuldade: 2

- **8 claras grandes**
- **$^{1}/_{2}$ colher (chá) de sal**
- **2 colheres (chá) de amido de milho**
- **$^{1}/_{2}$ xícara (chá) de açúcar**

CALDA

- **$^{1}/_{4}$ xícara (chá) de arroz**
- **500 ml de água**
- **1 $^{1}/_{4}$ xícara (chá) de açúcar**
- **8 gemas grandes levemente batidas**
- **60 g de amêndoas em lascas**

ARROZ-DOCE CRÊMOSO

Porções: 4

Preparo: 15 min + 2 horas para gelar

Cozimento: 1 hora

Nível de dificuldade: 1

- **600 ml de leite**
- **$^{1}/_{2}$ xícara (chá) + 1 colher (sopa) de arroz**
- **2 colheres (sopa) de açúcar**
- **4 colheres (sopa) de amêndoas sem casca bem picadas**
- **2 colheres (sopa) de manteiga**
- **500 ml de creme de leite fresco**
- **1 colher (chá) de essência de baunilha**
- **1 colher (sopa) de gelatina em pó sem sabor (ou 4 folhas de gelatina incolor)**
- **125 ml de água fria**

Ferva o leite em banho-maria. Acrescente o arroz e cozinhe por cerca de 50 minutos. O arroz deve ficar bem cozido. ❧ Acrescente o açúcar, as amêndoas e a manteiga e deixe esfriar. ❧ Bata o creme de leite até ficar firme e incorpore à mistura junto com a baunilha. ❧ Coloque a gelatina numa panela pequena com a água fria, em fogo baixo, e mexa até a gelatina dissolver. Deixe esfriar. ❧ Incorpore a gelatina à mistura. ❧ Despeje numa taça grande e leve à geladeira por 2 horas no mínimo. ❧ Sirva puro ou com uma calda feita de geléia de framboesa dissolvida com um pouco de água fervente.

CRÈME BRULÊ

Bata os ovos e as gemas com o açúcar até o ponto de fita. ❧ Aqueça ligeiramente o creme de leite e acrescente à mistura, batendo. ❧ Com uma peneira fina, despeje a mistura em 6 tigelinhas refratárias individuais. ❧ Arrume as tigelinhas numa assadeira com água até a metade. Asse em forno preaquecido a 180°C por cerca de 1 hora. ❧ Retire do forno. Deixe esfriar, depois leve à geladeira. ❧ Antes de servir, polvilhe com o açúcar mascavo. Coloque as tigelinhas sob uma grelha até o açúcar caramelizar. ❧ Retorne à geladeira para gelar. Sirva frio.

Se preferir, sirva o creme assim que dourar. A cobertura quente faz um contraste delicioso com o creme gelado.

Porções: 6

Preparo: 30 min + no mínimo 4 horas para gelar

Cozimento: 1 hora

Nível de dificuldade: 1

- **2 ovos**
- **7 gemas**
- **1 xícara (chá) de açúcar**
- **600 ml de creme de leite light**
- **9 colheres (sopa) de açúcar mascavo para caramelizar**

Sugestão

Ao invés de usar a grelha, você também pode caramelizar o açúcar numa panela no fogão, depois despejar sobre o creme gelado.

CREME DE CASTANHAS

Porções: 4

Preparo: 15 min

Cozimento: 4-5 min

Nível de dificuldade: 1

- **2 gemas**
- **1/4 xícara (chá) + 2 colheres (sopa) de açúcar**
- **2 colheres (sopa) de farinha de trigo**
- **1 colher (chá) de raspas finas de limão**
- **1 pitada de sal**
- **250 ml de leite fervente**
- **4 fatias de pão-de-ló com 1 cm de largura**
- **6 colheres (sopa) de rum**
- **6 colheres (sopa) de castanhas cristalizadas picadas**
- **8 colheres (sopa) de creme de leite batido sem açúcar**
- **4 cerejas em calda**

Prepare o creme de confeiteiro: coloque as gemas, o açúcar, a farinha, as raspas de limão e o sal numa panela pequena. Misture muito bem com uma colher de pau até obter um creme esbranquiçado. ❧ Acrescente o leite fervendo em um fio bem fino, sem parar de mexer. Leve ao fogo bem baixo e continue mexendo até o creme engrossar; leva só alguns minutos. Não deixe ferver para não talhar. ❧ Retire do fogo e deixe esfriar, mexendo de vez em quando para não formar película. Se preparar o creme com antecedência, cubra com um pedaço de filme plástico, encostando na superfície do creme, para não formar película. ❧ Coloque uma fatia de pão-de-ló no fundo de cada taça ou tigela. Polvilhe com o rum diluído em 3 colheres (sopa) de água. ❧ Cubra com uma camada grossa (2 cm) do creme de confeiteiro já frio. ❧ Polvilhe com os pedaços de castanha e enfeite com pingos de creme de leite batido. ❧ Decore cada porção com uma cereja e sirva.

Esta sobremesa maravilhosa vem de Turim, no norte da Itália.

Sugestão
Substitua as castanhas cristalizadas por pedacinhos de marrom glacê.

FÔRMA DE MELANCIA

Passe a melancia na peneira ou bata no liquidificador. Você precisará de 4 xícaras (1 litro) de polpa de melancia peneirada. ❧ Coloque a melancia preparada numa panela grande. Acrescente o açúcar e o amido de milho e leve ao fogo baixo, mexendo bem. ❧ Quando começar a ferver, abaixe o fogo e cozinhe por 5 minutos, sem parar de mexer. ❧ Retire do fogo, junte a canela e deixe esfriar, mas não gelar. Acrescente as frutas cristalizadas e o chocolate. ❧ Molhe o interior de uma fôrma de pudim de 1 litro com água fria e encha com a mistura de melancia. ❧ Leve à geladeira por várias horas, até ficar completamente firme. ❧ Desenforme sobre um prato, decore com flores de jasmim e sirva.

Esta sobremesa refrescante é perfeita para encerrar um almoço de verão.

Porções: 4

Preparo: 15 min

Cozimento: 7-8 min

Nível de dificuldade: 1

- **2 kg de polpa de melancia sem sementes**
- **$^{3}/_{4}$ xícara (chá) de açúcar**
- **6 colheres (sopa) de amido de milho**
- **1 pitada de canela em pó**
- **4 colheres (sopa) de frutas cristalizadas**
- **3 colheres (sopa) de chocolate sem açúcar ralado grosseiramente**
- **flores de jasmim para decorar**

PUDIM REAL

Porções: 4

Preparo: 10 min + 30 min de descanso

Cozimento: 1 hora

Nível de dificuldade: 1

- **600 ml de creme de leite**
- **90 g de migalhas de pão**
- **$^{3}/_{4}$ xícara (chá) de açúcar**
- **$^{1}/_{2}$ colher (chá) de essência de baunilha**
- **2 ovos separados**
- **3 colheres (sopa) de geléia de framboesa morna**

Despeje o leite numa panela e deixe ferver. ❧ Retire do fogo e acrescente as migalhas de pão, metade do açúcar e a baunilha. ❧ Deixe descansar por 30 minutos. ❧ Bata as gemas e acrescente à mistura já fria. Despeje numa travessa refratária. ❧ Asse em forno preaquecido a 150°C por 45 minutos, ou até endurecer. ❧ Espalhe a geléia com cuidado sobre a superfície do pudim. ❧ Bata as claras em neve. ❧ Acrescente o açúcar restante e bata até dissolver. ❧ Coloque o merengue sobre a geléia formando bicos e asse por 20 minutos até a cobertura endurecer e ficar levemente dourada.

MUSSE DE RICOTA COM CALDA DE AMEIXA

Bata a ricota com o açúcar de baunilha até obter um creme. ❧ Acrescente as gemas, as raspas de limão e o rum, e continue batendo até ficar homogêneo. ❧ Despeje a mistura numa tigela de louça e incorpore com cuidado o creme de leite, 60 g de chocolate e a laranja (reserve alguns pedaços para decorar). Leve à geladeira por 1 hora no mínimo. ❧ Enquanto isso, cozinhe as ameixas, o açúcar mascavo e o suco de limão em fogo alto até a mistura engrossar, depois bata até obter uma calda lisa. ❧ Coloque a musse em taças individuais e despeje a calda quente de ameixa por cima. ❧ Decore com as raspas de chocolate e cascas de laranja restantes.

O sabor levemente ácido das ameixas combina perfeitamente com o gosto suave da ricota.

Porções: 6

Preparo: 20 min + 1 hora para gelar

Cozimento: 15 min

Nível de dificuldade: 1

- **400 g de ricota**
- **$^{1}/_{2}$ xícara (chá) de açúcar de baunilha**
- **3 gemas**
- **raspas de 1 limão**
- **1 colher (sopa) de rum**
- **150 ml de creme de leite batido**
- **90 g de chocolate meio-amargo**
- **2 colheres (sopa) de casca de laranja cristalizada picada**
- **500 g de ameixas sem caroço**
- **1 xícara (chá) de açúcar mascavo**
- **suco de $^{1}/_{2}$ limão**

Sugestão

Se não tiver ameixas frescas, use geléia de ameixa aquecida com algumas colheres de água.

MONT BLANC

Coloque os pedaços de castanhas numa tigela. Regue com o rum e deixe de molho por 30 minutos. ❧ Coloque as castanhas embebidas numa tigela grande e passe num espremedor de batatas até obter um purê (ou triture num processador). ❧ Amontoe o purê de castanhas no centro de um prato. ❧ Cubra cuidadosamente com o creme de leite batido, alisando a superfície, ou deixando irregular se preferir. ❧ Sirva à temperatura ambiente ou leve à geladeira por 2 horas antes de servir.

A receita original usa castanhas cruas. Este método é bem mais simples e também dá um ótimo resultado.

Porções: 4

Preparo: 15 min + 30 minutos de molho

Nível de dificuldade: 1

- **450 g de castanhas cristalizadas em pedaços**
- **6 colheres (sopa) de rum**
- **1 $^{1}/_{2}$ xícara (chá) de creme de leite fresco batido sem açúcar**

Sugestão

Para dar um acabamento mais atraente e profissional, decore a sobremesa com fios de caramelo. Coloque cerca de 1/2 xícara (chá) de açúcar numa panela pequena com 1 colher (sopa) de água e 8 gotas de suco de limão. Mexa em fogo médio até o açúcar derreter e caramelizar, ficando bem dourado. Retire do fogo e, uma colherada por vez, deixe o caramelo cair em fios finos em volta do purê de castanhas, formando uma espiral. Não precisa ficar muito simétrico; deixe alguns fios verticais na lateral da "montanha" e você terá uma espécie de "gaiola" de caramelo. Sirva o creme batido à parte.

Delícias cremosas

A sobremesa é servida ao final da refeição e pode ser um doce, queijo ou fruta. Para ocasiões especiais, quase todos preferem uma sobremesa doce. As sobremesas cremosas costumam ser mais leves que os pratos mais tradicionais, e são uma opção moderna e menos calórica de encerrar uma refeição. Ao planejar o cardápio de um almoço ou jantar, escolha a sobremesa de acordo com o prato servido. Se tiver servido uma entrada recheada e uma carne assada, por exemplo, seus convidados estarão quase satisfeitos; ofereça-lhes uma musse ou creme à base de frutas. Se os pratos anteriores tiverem sido mais simples, como uma massa com salada, ou arroz com legumes, a sobremesa pode ser mais elaborada. Sirva várias sobremesas – um pudim ou pavê, um creme ou suflê de frutas, e uma musse à base de chocolate ou licor. O melhor das receitas deste livro é que quase todas podem ser preparadas com bastante antecedência e deixadas na geladeira até a hora de servir.

COMO FAZER UM COLARINHO PARA SUFLÊ

Fazer um colarinho para suflê é simples, e com ele seu suflê vai ficar bem mais alto, deixando seus convidados espantados — e você também! Comece cortando uma tira de papel vegetal ou alumínio com cerca de 70 x 15 cm — comprida o bastante para enrolar em volta da fôrma deixando uma ponta sobreposta de pelo menos 5 cm. Dobre ao meio na largura, depois unte um dos lados com manteiga e polvilhe com açúcar. Arrume o papel como se fosse um colarinho em volta da fôrma de suflê, com o lado do açúcar para dentro, deixando pelo menos 5 cm acima da borda. Prenda as pontas do colarinho com clipes ou alfinetes.

CREME DE BAUNILHA

O creme de baunilha é um ingrediente básico em muitas sobremesas. Ele também pode ser aromatizado com chocolate e muitos outros ingredientes, criando uma variedade de cremes requintados.

- **5 gemas**
- **1 xícara (chá) de açúcar**
- **4 colheres (sopa, rasas) de farinha de trigo**
- **500 ml de leite**
- **1 pitada de sal**
- **4 gotas de essência de baunilha**

Bata as gemas com o açúcar até obter um creme esbranquiçado. Ferva o leite com o sal e a baunilha, depois misture às gemas com açúcar. Cozinhe em fogo muito baixo, mexendo sem parar, até engrossar.

Sugestões

- Para fazer um creme de nozes ou amêndoas, acrescente 2 colheres (sopa) de nozes ou amêndoas moídas enquanto o creme ainda estiver quente.
- Para fazer um creme ao licor, acrescente uma ou duas colheres (sopa) de licor, rum ou conhaque enquanto o creme ainda estiver quente.
- Para fazer um creme de limão, ferva raspas bem finas de 1 limão com o leite e não coloque a essência de baunilha.
- Para fazer um creme de chocolate, derreta no leite 125 g de chocolate meio-amargo ralado.

SUPREME AO LICOR DE LIMÃO

- **1 receita de creme de baunilha (veja receita acima)**
- **250 ml de licor de limão**
- **4 fatias de casca de limão cristalizada**
- **60 g de amêndoas em lascas**

Prepare o creme de baunilha. Acrescente o licor ao creme. Cubra com filme plástico para não formar película e deixe esfriar. Distribua em 4 tigelas individuais e deixe na geladeira por 1 hora no mínimo. Decore com as cascas de limão cristalizadas e as amêndoas e sirva.

PAVÊ DE PÊSSEGO E FRAMBOESA

Lave as framboesas e escorra bem. Divida o pão-de-ló em três camadas finas. Coloque uma camada no fundo de uma tigela de vidro ou cristal. Ela deve ter uma base reta com cerca de 25 cm, e 15 cm de profundidade. Molhe o pão-de-ló com 1/3 do vinho. Distribua mais ou menos 1/3 das framboesas e pêssegos por cima. Cubra as frutas com 1/3 do creme. Repita as camadas de pão-de-ló, vinho, frutas e creme, reservando umas 10-12 framboesas para decorar. Para fazer a cobertura, bata as claras em neve e, numa tigela separada, bata o creme de leite. Misture o açúcar ao creme de leite, depois incorpore as claras. Coloque esta mistura sobre o pavê. Decore com framboesas e amêndoas torradas. Deixe na geladeira até a hora de servir.

Porções: 6

Preparo: 15 min + tempo para gelar

Nível de dificuldade: 1

- **250 g de framboesas**
- **1 pão-de-ló de 23 cm**
- **250 ml de vinho xerez seco**
- **1 lata de pêssegos em fatias**
- **1 receita de creme de baunilha gelado (veja receita na pg. 21)**
- **2 claras**
- **250 ml de creme de leite fresco**
- **1 colher (sopa) de açúcar**
- **$^1/_2$ xícara de amêndoas torradas em lascas**

MUSSE DE CHOCOLATE E CAFÉ

Derreta o chocolate com a manteiga em banho-maria. Numa tigela grande, misture o açúcar de confeiteiro, as gemas, o licor e o café solúvel. Acrescente a mistura de chocolate. Bata o creme de leite até engrossar e incorpore à mistura de chocolate com licor. Bata as claras em neve (não muito firmes) e incorpore à mistura. Coloque a mistura às colheradas numa tigela ou em taças individuais. Deixe na geladeira por 4 horas no mínimo antes de servir.

Se quiser, decore a musse com um pouco mais de creme batido aromatizado com essência de baunilha ou licor.

Porções: 8

Preparo: 15 min + 4 horas para gelar

Cozimento: 10 min

Nível de dificuldade: 1

- **500 g de chocolate meio-amargo picado**
- **90 g de manteiga em pedaços**
- **$^{1}/_{2}$ xícara (chá) de açúcar de confeiteiro peneirado**
- **3 ovos separados**
- **4 colheres (sopa) de licor de café**
- **1 colher (chá) de café solúvel**
- **500 ml de creme de leite fresco**

CRÈME DE LIMÃO

Porções: 4-6

Preparo: 15 min + 2 horas para gelar

Cozimento: 10 min

Nível de dificuldade: 1

- **$^{3}/_{4}$ xícara (chá) de açúcar**
- **9 colheres (sopa) de farinha de trigo**
- **raspas de 2 limões-sicilianos**
- **1 litro de leite integral**

Misture o açúcar, a farinha e as raspas de 1 limão numa panela de fundo grosso. Acrescente o leite aos poucos, com cuidado para não empelotar. Leve ao fogo baixo e deixe ferver, mexendo sem parar. Ferva por 1 minuto, depois retire do fogo. Despeje numa fôrma e deixe esfriar. Depois de frio, leve à geladeira por 2 horas no mínimo. Sirva frio, polvilhado com as raspas de limão restantes.

Para fazer Creme de Chocolate, substitua as raspas de limão por 2 colheres (sopa) de cacau em pó sem açúcar.

MUSSE DE CHOCOLATE E LARANJA

Leve o chocolate, a manteiga e o licor ao banho-maria até derreter. ❧ Deixe esfriar. ❧ Bata as gemas com o açúcar em ponto fio. Leva cerca de 10 minutos. ❧ Coloque a calda de chocolate numa tigela grande com a mistura de gemas e açúcar. Bata com um batedor manual até engrossar. ❧ Numa outra tigela, bata as claras em neve até formar picos. ❧ Misture levemente as claras à calda de chocolate. ❧ Bata o creme de leite até engrossar e incorpore à mistura de chocolate. ❧ Coloque o preparado numa tigela grande ou em 4 tigelas individuais e leve à geladeira por 3 horas no mínimo antes de servir.

A musse pode ser guardada na geladeira por até 2 dias antes de ser servida.

Porções: 4

Preparo: 15 min + 3 horas para gelar

Cozimento: 10 min

Nível de dificuldade: 1

- **300 g de chocolate meio-amargo**
- **250 g de manteiga**
- **4 colheres (sopa) de licor de laranja**
- **600 ml de creme de leite fresco**
- **8 ovos separados**
- **$^{3}/_{4}$ xícara (chá) de açúcar**

PUDIM ITALIANO DE ARROZ

Leve o arroz, o leite e a baunilha ao fogo médio. Deixe ferver e cozinhe por 10 minutos. ❧ Acrescente o açúcar, as passas, as frutas cristalizadas, o sal e a manteiga e continue cozinhando até o arroz ficar quase mole. Depois de cozido, retire do fogo e deixe esfriar. ❧ Depois de frio, acrescente os ovos, um de cada vez, depois o rum. ❧ Unte uma fôrma de pudim com um pouco de manteiga e polvilhe com farinha de rosca. Despeje a mistura. ❧ Asse em forno preaquecido a 180°C por cerca de 35 minutos. ❧ Desenforme e sirva quente ou à temperatura ambiente.

Sirva este pudim delicioso com Creme de Baunilha (veja receita na pg. 21).

Porções: 8

Preparo: 15 min

Cozimento: 50 min

Nível de dificuldade: 1

- **$^1/_2$ xícara (chá) + 2 colheres (sopa) de arroz**
- **1 litro de leite**
- **1 colher (chá) de essência de baunilha**
- **$^1/_2$ xícara (chá, rasa) de açúcar**
- **90 g de uvas passas brancas**
- **2 colheres (sopa) de frutas cristalizadas picadas**
- **1 pitada de sal**
- **1 colher (sopa) de manteiga**
- **2 ovos**
- **2 gemas**
- **250 ml de rum ou conhaque**
- **2 colheres (sopa) de manteiga**
- **4 colheres (sopa) de farinha de rosca**

SUFLÊ DE LIMÃO

Prepare uma fôrma para suflê de 1 litro com um colarinho de papel (veja na página 20 como preparar o colarinho). Numa tigela, bata as raspas de limão, o suco, o açúcar e as gemas sobre uma panela de água quente até engrossar. Coloque a água numa tigela pequena e polvilhe com a gelatina. Deixe de molho, depois coloque sobre uma panela de água fervente e mexa até dissolver. Junte a gelatina à mistura do suflê e leve à geladeira para gelar. Bata ligeiramente o creme de leite. Bata as claras em neve. Incorpore metade do creme de leite ao suflê, seguido pelas claras. Despeje na fôrma para suflê e nivele a superfície. Leve à geladeira por 4 horas no mínimo. Retire o papel no alto do suflê. Decore com o creme de leite restante e as cascas de limão cristalizadas.

Porções: 4

Preparo: 15 min + 4 horas para gelar

Nível de dificuldade: 1

- **raspas de 3 limões**
- **6 colheres (sopa) de suco de limão**
- **4 ovos separados**
- **1 colher (sopa) de gelatina em pó sem sabor (ou 4 folhas de gelatina incolor)**
- **3 colheres (sopa) de água fria**
- **300 ml de creme de leite fresco**
- **cascas de limão cristalizadas**

MUSSE DE AMÊNDOAS

Porções: 4-6

Preparo: 15 min + 2 horas para gelar

Nível de dificuldade: 1

- **6 colheres (sopa) de licor de amêndoas**
- **1 colher (sopa) de gelatina em pó sem sabor (ou 4 folhas de gelatina incolor)**
- **4 ovos**
- **3 colheres (sopa) de açúcar de confeiteiro**
- **600 ml de creme de leite fresco**
- **essência de amêndoas a gosto**
- **150 g de amêndoas torradas em fatias**

Coloque o licor numa tigela em banho-maria (ou sobre uma panela com água quente). Acrescente a gelatina e mexa até dissolver. Mantenha aquecido. Aqueça os ovos com o açúcar de confeiteiro em banho-maria, em fogo muito baixo, batendo sem parar. Retire do fogo e bata vigorosamente até a mistura formar picos firmes. Incorpore a mistura de gelatina à mistura de ovos. Bata o creme de leite com a essência de amêndoas até engrossar, depois incorpore à mistura de ovos. Coloque a musse em taças individuais e leve à geladeira por 2 horas no mínimo. Decore com as amêndoas na hora de servir.

CREME DE CHOCOLATE E MASCARPONE

Bata as gemas com o açúcar até obter um creme bem esbranquiçado. Misture o mascarpone delicadamente e aromatize com o vinho. ❧ Derreta o chocolate no leite em fogo bem baixo. Deixe esfriar. ❧ Misture o chocolate e o leite com metade da mistura de mascarpone. ❧ Esmague os suspiros no fundo de 6 taças para sorvete e coloque os cremes de chocolate e mascarpone por cima. ❧ Misture a superfície dos dois cremes com uma faca para dar um efeito marmorizado, ou deixe separados se preferir. ❧ Leve à geladeira por 2 horas no mínimo antes de servir.

Porções: 6

Preparo: 30 min + 2 horas para gelar

Nível de dificuldade: 1

- **2 gemas**
- **$^1/_2$ xícara (chá) de açúcar**
- **300 g de queijo mascarpone**
- **1 colher (sopa) de vinho Marsala seco**
- **125 g de chocolate meio-amargo picado**
- **2 $^1/_2$ colheres (sopa) de leite**
- **4 suspiros pequenos**

ZUCCOTTO

Corte o pão-de-ló ao meio horizontalmente, depois divida em 10 fatias triangulares. ❧ Molhe o bolo dos dois lados com o rum ou licor e use-o para forrar uma fôrma redonda de 1,5 litro. ❧ Bata o creme de leite até engrossar, acrescentando o açúcar de confeiteiro quando estiver quase pronto. Incorpore o chocolate ralado, as amêndoas e as frutas cristalizadas. ❧ Transfira metade desta mistura para uma tigela separada. ❧ Derreta a segunda medida de chocolate em banho-maria e misture delicadamente à metade do creme. ❧ Coloque o creme branco na fôrma e espalhe sobre o fundo de pão-de-ló. Cubra com papel-alumínio e leve ao freezer por 10 minutos. ❧ Coloque o creme de chocolate na fôrma, que deve ficar completamente cheia. ❧ Cubra com papel-alumínio e leve ao freezer por 4 horas no mínimo antes de servir.

Esta sobremesa vem de Florença, na Itália, onde é preparada há séculos.

Porções: 6

Preparo: 15 min + 4 horas para gelar

Cozimento: 10 min

Nível de dificuldade: 2

- **375 g de pão-de-ló sem gordura**
- **125 ml de rum ou licor tipo Cointreau**
- **500 ml de creme de leite fresco**
- **5 colheres (sopa) de açúcar de confeiteiro**
- **60 g de chocolate amargo ralado**
- **3 colheres (sopa) de amêndoas sem casca bem picadas**
- **60 g de frutas cristalizadas picadas**
- **75 g de chocolate meio amargo picado grosseiramente**

SUFLÊ AO LICOR

Unte levemente com manteiga uma fôrma para suflê de 2 litros e polvilhe com açúcar. Prepare um colarinho para a fôrma (veja como preparar o colarinho na página 20). ❧ Derreta a manteiga numa panela em fogo baixo. ❧ Retire do fogo e misture a farinha e o sal, mexendo até ficar homogêneo. Acrescente o leite aos poucos, sem parar de mexer. ❧ Retorne ao fogo, mexendo sem parar com um batedor manual, até obter um creme liso e grosso. Retire do fogo. ❧ Bata bem 5 gemas. ❧ Acrescente o creme quente aos poucos, batendo sem parar. Deixe esfriar. ❧ Bata as 8 claras até formar picos firmes. Acrescente o açúcar aos poucos, batendo até engrossar. ❧ Acrescente o suco de limão, as raspas e o licor à mistura de gemas, depois incorpore às claras. ❧ Despeje na fôrma para suflê. Coloque a fôrma numa assadeira com água quente até a metade. ❧ Asse em forno preaquecido a 180°C por 1 hora. Retire o colarinho de papel e sirva.

Porções: 6

Preparo: 15 min

Cozimento: 1 hora

Nível de dificuldade: 2

- **180 g de manteiga**
- **7 colheres (sopa) de farinha de trigo**
- **$^{1}/_{2}$ colher (chá) de sal**
- **1 $^{1}/_{2}$ xícara (chá) de leite**
- **5 ovos separados**
- **3 claras**
- **1 $^{1}/_{4}$ xícara (chá) de açúcar**
- **2 colheres (sopa) de suco de limão**
- **1 colher (chá) de raspas de limão**
- **125 ml de licor de laranja**

CRÈME DE MARACUJÁ

Porções: 4

Preparo: 15 min + 4 horas para gelar

Cozimento: 5 min

Nível de dificuldade: 1

- **600 ml de creme de leite fresco**
- **5 gemas**
- **$^1/_2$ xícara (chá) de açúcar**
- **5 maracujás**

Coloque o creme de leite numa panela pequena em fogo baixo até começar a borbulhar. ❧ Coloque as gemas e o açúcar numa tigela em banho-maria e bata até obter um creme esbranquiçado. ❧ Corte os maracujás ao meio e retire a polpa. Passe na peneira e reserve o suco, desprezando as sementes. ❧ Quando o creme de leite chegar ao ponto de fervura, despeje na mistura de gemas e bata até misturar. Coloque a tigela em banho-maria e mexa sem parar, até a mistura cobrir as costas de uma colher. ❧ Acrescente o suco de maracujá e cozinhe por mais 1 minuto. ❧ Retire do fogo e despeje numa tigela. Depois que esfriar, leve à geladeira por 4 horas antes de servir.

Este creme versátil pode ser servido puro, acompanhando uma salada de frutas ou como recheio de bolos ou pavês.

MORANGOS COM MUSSE DE MASCARPONE

Coloque a água numa tigela pequena e polvilhe com a gelatina. Deixe amolecer por 5 minutos. Acrescente metade da mistura de gelatina ao licor e a outra metade ao vinho. Mexa cada uma em fogo médio-baixo até dissolver a gelatina. Depois de frias, leve as duas misturas à geladeira. Misture o mascarpone com o licor. Bata o creme de leite até engrossar e incorpore à mistura de mascarpone. Leve à geladeira por 4 horas no mínimo. Corte os morangos em fatias e arrume em tigelinhas individuais (reservando alguns para decorar). Despeje um pouco do vinho gelado por cima e preencha as tigelas com a musse. Decore com os morangos restantes e sirva.

O cremoso queijo mascarpone é perfeito para sobremesas. Se não houver disponível, você pode substituir por cream cheese. Framboesas e outras frutas silvestres também ficam ótimas nesta receita.

Porções: 4

Preparo: 30 min + 4 horas para gelar

Nível de dificuldade: 1

- **2 colheres (sopa) de gelatina em pó sem sabor (ou 8 folhas de gelatina incolor)**
- **3 colheres (sopa) de água fria**
- **4 colheres (sopa) de licor de morango**
- **250 ml de vinho branco frutado**
- **5 colheres (sopa) de açúcar de confeiteiro**
- **250 g de queijo mascarpone**
- **300 ml de creme de leite fresco**
- **2 xícaras (chá) de morangos**

Coleção Sabores do Mundo

Criado, editado e desenvolvido por McRae Books, Florença, Itália

Publicado no Brasil por
Girassol Brasil Edições Ltda.
Avenida Ceci, 608 – B-12
Tamboré – Barueri – SP – 06460-120
E-mail: leitor@girassolbrasil.com.br
Site: www.girassolbrasil.com.br

Impresso no Brasil

Editora da coleção: Anne McRae
Texto: Mollie Thomson, Rosalba Gioffrè, Carla Bardi
Tradução: Maria Luisa de Abreu Lima Paz
Consultoria: Regina Reis
Fotografia: Marco Lanza, Walter Mericchi, Gianni Petronio
Cenários: Rosalba Gioffrè
Projeto visual: Marco Nardi
Diagramação e recortes: Laura Ottina, Filippo Delle Monache

Os editores gostariam de agradecer a Mastrociliegia (Fiesole), Eugenio Taccini (Montelupo Fiorentino) e Maioliche Otello Dolfi (Camaioni Montelupo) por sua colaboração durante a produção deste livro.

Sobre o fotógrafo:

Marco Lanza

Nascido em Florença em 1957, Marco Lanza é fotógrafo de culinária desde o início dos anos 90. Publicou *Florence Gourmande* (1995), *Pastissima!* (1996), *Verdure!* (1997), *Antipasti!* (1997), *Pizza, pane, focacce!* (1998), *Zuppe, risotti, polenta!* (1998), *Carne!* (1998), *Dolci e frutta!* (1998), *Pesce!* (1999), *Flavours of Tuscany* (1999), *Flavours of Sicily* (1999), *Flavours of Piedmont* (1999), *Flavours of Emilia Romagna* (1999), *Flavours of Rome* (2000), *Flavours of Venice* (2000).